AF309243

H. BUGARD

CE QU'A COUTÉ

LA

RÉVOLUTION

TROIS RÉPUBLIQUES

DEUX EMPIRES

ET

UNE ROYAUTÉ CONSTITUTIONNELLE

PARIS

J. FECHOZ, LIBRAIRE-EDITEUR

5, Rue des Saints-Pères, 5

1874

LE BUT DE CETTE BROCHURE

Nous ne venons pas jeter la réprobation et l'odieux sur un principe, afin d'inspirer l'estime et l'admiration en faveur d'un autre principe. Ce n'est point là notre intention; car nous ne subissons point l'influence de cet esprit de parti qui provient des tempéraments exaltés, des imaginations déréglées, des esprits obtus ou irréfléchis; et ce sentiment personnel et égoïste qui, malheureusement, guide aujourd'hui toutes les opinions, même les plus indécises, n'est point le mobile qui nous amène à parler ici de la Révolution.

Nous ne venons pas dire que la République, c'est la liberté, l'égalité, la fraternité, ou, par opposition, affirmer que c'est plutôt le règne de la licence, de l'inégalité, des haines personnelles, le régime de toutes les tyrannies exercées par tout le monde sur tout le monde; que l'Empire, c'est la paix, l'économie, ou le despotisme d'un seul, d'un maître absolu, d'un sacrificateur effréné de la vie des hommes qui n'appartient qu'à Dieu, l'administrateur prodigue de la fortune du pays qui n'appartient qu'à la communauté sociale; que la Royauté enfin, c'est Dieu, la patrie, la famille, la sévérité juste et paternelle de la loi. Non.

Nous ne voulons pas discourir sur les principes, sur la meilleure forme gouvernementale, car nous sommes convaincus que la nation ne se rapporte qu'aux résultats, et qu'elle sait fort bien elle-même que le meilleur gouvernement est celui qui procure à la société en général, et à chacun de ses membres en particulier, la plus grande somme de bonheur possible, sans jamais porter atteinte à la liberté, aux droits d'autrui.

En publiant les notes contenues dans ce petit livre, résumé d'un ouvrage important que nous publierons plus tard sous le titre de : *La Vérité sur les Révolutions,* nous n'avons qu'un but : chercher à inspirer l'horreur des révolutions, et conseiller au peuple français, qu'on abuse sans cesse, de se tenir en garde contre ces nombreux *déclassés* qui ne suscitent les discordes sociales que parce qu'ils y trouvent l'entière satisfaction de leurs goûts dépravés, la pleine jouissance de leurs plaisirs honteux, le libre exercice de leurs basses et criminelles vengeances. Ces gens-là seuls s'enrichissent du pillage fait pendant le désordre, et acquièrent plus tard, et souvent tout de suite après leur révolte contre l'ordre et l'humanité, une triste notoriété parmi ceux qu'ils ont trompés. Quant à l'homme du peuple, l'ouvrier, il reste toujours dans la même situation, ou plus pauvre, parce que « tout peuple qui se révolutionne est sacrifié à l'ambition d'un petit nombre, qui sait en tirer le fruit » (PRUDHOMME), et moins libre, parce que, « par la révolte, un peuple ne gagne que le droit de se donner lui-même des tyrans. » (SALLUSTE.)

Dégoûter des révolutions, de tous ceux qui les ont faites, de ceux qui, à l'avenir, chercheraient à les faire, telle est notre pensée en mettant sous les yeux de nos lecteurs les chiffres qui donnent le nombre des tués par le fait de la Révolution. Ces chiffres ont plus d'éloquence que les plus belles figures de rhétorique; d'un coup d'œil rapide, on apprend enfin les funestes résultats de soixante-six années seulement de haines et de discordes suscitées par quelques audacieux aventuriers.

Cependant, ces chiffres ne disent pas tout; ils n'apprennent pas, par exemple, que les héros de 89 s'emparaient des plus beaux hôtels dans les villes où ils séjournaient, affectaient le faste et la mollesse des grands; et tandis que le peuple inondait les cours de leurs palais, pour attendre leur présence et du pain, couchés nonchalamment sur des sophas dans le fond de leurs sérails, ils s'occupaient gravement du soin important de *se faire peindre*... que la perfidie des meneurs tout puissants avait l'air de poursuivre exclusivement et à toute outrance les nobles et les prêtres, tandis que, dans le nombre des exécutés, il se trouve *trois quarts de plus d'hommes du peuple* que de noblesse et de clergé... qu'on ruina et fit mourir de faim une partie de la population, pour gorger une classe de nouveaux riches... qu'au cri mille fois répété de : « Vive la Liberté! vive la République! » on égorgeait judiciairement dans 148 endroits; que surtout, pendant dix-huit mois environ, sous les yeux de la Convention nationale, le tribunal révolutionnaire amalgamait hommes, femmes, filles, octogénaires, jeunes gens, pauvres, riches, aveugles, sourds, muets, impotents, pour les juger tous, c'est-à-dire pour les assassiner tous ensemble indistinctement... qu'on applaudissait au coup qui faisait tomber la tête d'un artisan, d'un ouvrier, d'un sans-culotte... que les sans-culottes eux-mêmes, devenus juges, n'épargnaient pas davantage les sans-culottes restés dans la foule des citoyens... que, par le dispositif vague des lois de sang, tous les citoyens se trouvaient enveloppés dans la même proscription : vertus, talents, renommées, estime publique, éclat, obscurité, rien ne mettait à l'abri de l'atteinte des proconsuls.

Les journaux étaient supprimés en masse, les imprimeries fermées, les presses brisées ; les écrivains qui osaient dire la vérité étaient arrêtés, guillotinés, le secret des lettres particulières violé ; les dénonciations étaient en honneur ; les enfants étaient arrachés des bras de leurs mères, pour être immolés à leurs yeux ; les maris massacrés devant leurs femmes, les femmes outragées devant leurs maris, les vierges violentées, violées par des hommes ivres de vin et rouges du sang de leurs victimes... Plus de mœurs, plus de religion, aucune croyance, aucun amour, aucune amitié, aucun sentiment tendre, la famille méconnue... Le fils qui donnait une larme à un père était guillotiné... la femme qui pleurait son mari, noyée... la fille qui se lamentait sur la perte d'un père, son seul soutien, d'une mère, son unique amour, d'un frère et d'une sœur, ses seules affections, était outragée, puis égorgée ou noyée... Enfin, le plus grand criminel était proclamé, à la face du monde, qui frémissait de tant d'horreurs, le plus humain, le plus grand patriote.

Oui, voilà ce que nos chiffres ne disent pas.

Et pourquoi tant de crimes, tant de sang versé? pourquoi tant de hontes, tant de ruines? Quel fut le prétexte de cette révolution sans précédent dans les annales de l'histoire? Pourquoi, enfin, renversa-t-on, en 1789, une monarchie qui datait depuis 811 années ?

Était-ce parce que le budget était de 531 millions pour les dépenses, et le déficit de 56 millions?

Il est permis d'en douter, car la Révolution ne pouvait certainement pas détruire ce qu'elle trouvait mal, pour faire pis. En effet, n'a-t-elle pas, dans l'espace de six ans, englouti 8 milliards provenant de la vente des biens nationaux, des émigrés et du clergé, plus de 7 milliards d'assignats et 2 milliards de mandats ?

L'économie n'y était donc pour rien.

— Mais, nous observe un citoyen, il n'existait aucune liberté, il y avait la Bastille !

— Ce ne peut être encore cela ; car, à la place de la Bastille, sous la Convention, en pleine République, par les ordres des comités, on établit 34 maisons d'arrêt; chaque comité — il y en avait 44 mille — avait en outre son cachot; la Commune avait sa chambre d'arrêt. Le Comité de salut public et celui de sûreté générale avaient chacun leur geôle, et l'on comptait jusqu'à 18,000 détenus dans les différentes maisons d'arrêt de Paris seulement. Tandis qu'au moment de la prise de la Bastille, — il ne s'y trouvait que sept prisonniers, dont voici les noms : — MM. Pujade, Béchade, La Roche, La Caurège, de Solages, Tavernier et Whyte. Une loi du 20 novembre 1790, décrétée par l'Assemblée constituante, rétablit la prison-forteresse de Vincennes. Et, dans les 26,896 lieues carrées que comportait la France, il existait 48,724 prisons, dont le régime révolutionnaire fit périr 50,000 individus, dont 5,000 femmes enceintes. — Ce n'était donc pas pour la liberté.

Était-ce pour l'Égalité ? — Certainement non, puisque tout ce qui portait un titre ou avait quelque renommée était honni, vilipendé et poursuivi sans merci.

Était-ce pour la fraternité ? — Encore moins : — de 1789 à 1799, il y eut 2 *millions* 828 *mille* 652 *Français* de tués, dont 1 *million* 631 *mille* 322 tués sur le champ de bataille, 1 *million* 503 mille 957 fusillés, égorgés, noyés, 18 *mille* 620 guillotinés, 26 *mille* 725 *femmes* et 24 *mille* *enfants* fusillés, décapités, noyés.

Etait-ce pour abolir les privilèges ? — Mais une fois au pouvoir, les révolutionnaires n'admettaient point qu'on osât prétendre aux hautes positions qu'ils occupaient par droit de premiers occupants, et s'entre-déchiraient, non pour une question de principe, mais bien pour les meilleures places. Et plus tard, sous les deux Empires, est-ce qu'il n'y avait pas le *cumul* ? Sous Napoléon III surtout, les fonctionnaires se perpétuaient dans diverses fonctions grassement rétribuées, et se partageaient les gros revenus de l'État.

Etait-ce pour détruire les abus ? — Mais est-ce que, une fois la République proclamée, il n'y eut pas l'abus de la guillotine, des fusillades, des noyades, des mitraillades, des incendies, des visites domiciliaires, des massacres sanctionnés par les autorités supérieures, des lois contre la liberté de la presse... abus des bonnets rouges (on en porta 170,000), abus des arbres de la liberté (il y en eut 56,634 de plantés, jusque dans les cours et devant les fenêtres des prisons); abus des dénonciations, des vengeances particulières, de la loi des suspects, abus de l'ivrognerie, des orgies... Nous nous arrêtons, car nous tomberions nous-mêmes dans l'abus des énumérations.

Était-ce à cause du droit du seigneur ? — Mais ceci n'existait que du temps de la féodalité... Du reste, ce droit n'a jamais cessé d'exister pendant la guerre civile et de nos jours. En pleine révolution les citoyens violèrent, dans les dortoirs de la Salpêtrière, des enfants de dix à quinze ans. Fouquier-Tinville, Danton, Carrier, Lebon, tous les proconsuls de la République, avant d'accorder la grâce d'un mari, ou d'un père, ou d'un fils, ou d'un frère, exigeaient l'honneur de l'épouse, de la mère, de la fille, de la sœur... Ça c'était le *droit du proconsul*.

Et, sous l'Empire, n'accordait-on pas des faveurs, des emplois, des préfectures, des dignités, au prix de la vertu des femmes mariées; et des bureaux de tabac au prix des bonnes grâces des veuves? Ici ce n'était plus... que le *droit du ministre*.

La Révolution voulut-elle abolir le droit d'aînesse? Mais Napoléon Ier créa les majorats, c'est-à-dire qu'une partie des biens d'une

famille, déclarée inaliénable et insaisissable, fut réservée à perpé-
tuité à l'aîné de la maison.

La Révolution voulut-elle détruire la noblesse et tous ses priviléges ? Napoléon créa plus tard, d'abord de grands dignitaires, puis
des *archi :* l'archi-chancelier d'Empire, l'archi-chancelier d'État,
l'archi-trésorier ; ensuite des royautés vassales, de grands fiefs militaires, une nouvelle noblesse. Joseph Bonaparte fut créé roi de
Naples et de Sicile ; Louis, roi de Hollande ; Élisa, sœur de Napoléon, devint duchesse de Lucques ; Pauline Borghèse, son autre
sœur, fut duchesse de Guastalla ; Murat, époux de Caroline Bonaparte, eut le grand-duché de Berg ; Berthier, la principauté de Neuf-
châtel ; Talleyrand, celle de Bénévent ; Bernadotte, beau-frère de
Joseph, celle de Ponte-Corvo. Les deux anciens consuls, Lebrun et
Cambacérès, devinrent ducs de Plaisance et de Parme. Les ministres Gaudin, Fouché, Champagny, Maret devinrent duc de Gaëte,
d'Otrante, de Cadore et de Bassano ; le juge Régnier, duc de Massa ;
Duroc, duc de Frioul ; Soult, duc de Dalmatie ; les ministres, les
sénateurs, les conseillers d'État furent de droit comtes ; les pre
miers présidents, les procureurs généraux et les maires furent
barons ; les membres de la Légion d'honneur furent chevaliers ;
enfin, le premier sans-culotte venu, qui avait fait la Révolution,
pouvait facilement devenir prince et faire partie de cette noblesse
qu'il avait renversée.

Et, pour gorger cette nouvelle aristocratie, l'Empereur retint 34 millions de biens nationaux, 2 millions 400 mille francs de rente dans
les divers Etats d'Italie, 20 millions de domaines en Pologne, 30 en
Hanovre, 6 millions de revenus en Westphalie. Tout général de
division avait une dotation et un titre de comte ; tout général de
brigade, une dotation et un titre de baron. Davoust reçut 416 mille
francs de revenu et 300 mille francs en argent ; Lannes, 328 mille
francs de revenu et un million en argent, etc. Il nous semble que
c'est le rétablissement de la noblesse et une déviation au principe de l'égalité.

Donc, la Révolution n'a pas été faite pour détruire la noblesse,
puisqu'on en a refait une nouvelle ; ni pour abolir le droit d'aînesse,
qui a été rétabli plus tard ; ni pour faire cesser les abus, qui sont
devenus plus nombreux ; ni pour finir avec les priviléges, qui ont
augmenté ; ni pour la fraternité, car elle n'existe plus ; ni pour la
liberté : les prisons sont plus nombreuses ; ni pour l'égalité, puisque, aujourd'hui, l'ignorant se croit supérieur au savant, le paresseux au travailleur, le voleur à l'honnête homme ; ni pour l'économie,
car le peuple paie plus d'impôts, et *on s'arrange à payer des cinq
milliards.*

La Révolution n'a été faite que parce que des ruinés eurent leur fortune à refaire ; parce que les paresseux voulurent jouir des biens acquis par les travailleurs ; parce que des roturiers voulurent devenir nobles, et des laquais, princes. Ils réussirent. Et, formant une nouvelle noblesse, cumulant tous les emplois, créant de nouveaux priviléges, profitant de tous les abus, et se moquant du peuple dont ils s'étaient servi, s'accaparant de tout l'or de la France, ils se livrèrent à toutes les jouissances de la vie matérielle, s'endormirent dans la mollesse et se réveillèrent à Sedan !

Ah ! peuple français, ouvrez donc les yeux, et comprenez enfin qu'en vous révolutionnant vous ne servez que les ambitieux. Et plus de malentendus, plus de bouleversements, plus de haines, plus d'irréligion, de guerre, de discorde ; il est temps de croire en Dieu, de nous tendre la main, de nous aimer.

Après quatre-vingt-trois ans d'incrédulité, de troubles, de haines, il nous faut aujourd'hui la foi, — si nous voulons être sauvés ; la tranquillité, — si nous voulons prospérer ; la concorde, — si nous voulons être heureux.

Proclamons l'union ! et, pour qu'elle soit sincère et durable, ne reconnaissons qu'un arbitre : Dieu ! n'ayons qu'une idée : la paix, et qu'un sentiment : la fraternité.

Plus de révolutions ! voyez quels en sont les résultats : les trésors de notre pays dilapidés, épuisés ; les monuments de notre gloire nationale presque anéantis, et le sang de nos aînés versé à flots.

Lisez et rappelez-vous.

Et rappelez-vous non pour la vengeance, mais pour vous dire :

La fortune de la France est à refaire : travaillons. De nombreuses victimes ont été immolées ; n'en n'augmentons pas le nombre, et, nous serrant les uns contre les autres, la main dans la main, crions bien haut :

Dieu, Paix, Fraternité !

Henry **BUGARD**.

Juin 1874.

INTRODUCTION

LA FRANCE AVANT LA RÉVOLUTION

Au neuvième siècle, la France n'existait pas encore : ce n'est qu'à la fin du dixième siècle, au couronnement de Hugues Capet, chef royal de la branche actuelle, que le domaine français, formé seulement de quelques villes, et enrichi par ce prince du comté de Paris et du duché de France, reçut le nom de royaume.

Par la suite, grâce à la sage et prévoyante vaillance des rois qui se succédèrent sans interruption après Hugues Capet, la France s'agrandit peu à peu de toutes les provinces apportées par ses rois, et devint ainsi une grande nation, homogène et bien bornée.

La France a été donc faite par des rois, et toutes les lois libérales que nous ne possédons plus aujourd'hui et celles que nous avons encore, nous les possédions du temps de la Monarchie légitime. Les monuments qui excitent l'admiration chez les nations étrangères, et que l'univers nous envie, ont été élevés par les ordres de nos rois.

Mais ne nous arrêtons pas aux monuments, aux arts, ni aux utiles institutions de la Monarchie légitime ; arrivons à la situation financière, après huit cent onze années d'administration sous les règnes de trente-quatre souverains.

La situation des finances royales était, au 5 mai 1789, comme il suit :

Dépenses	531,444,000 fr.
Recettes	475,294,000
Déficit	56,150,000 fr.

Le déficit n'était donc que de 56 millions. Il eût été bien facile de le combler par un impôt quelconque, comme cela s'est toujours fait depuis sous les diverses Républiques et les divers Empires qui ont gouverné la France. Mais le Parlement ne voulut point enregistrer l'impôt territorial ni celui du timbre. La Révolution éclata, et nous entraîna aux plus funestes catastrophes. On va juger si la Révolution sut mieux administrer les finances de la France que la vieille Monarchie française.

PERTES ET DÉPENSES

DE LA FRANCE

OCCASIONNÉES

PAR LE FAIT DE LA RÉVOLUTION

De 1789 à 1814 et de 1830 à 1870

ESPACE : 66 ANS

I

DÉBUTS DE LA RÉVOLUTION

RÉSULTATS GÉNÉRAUX

Premières victimes 216

1787, insurrection pour le Parlement, morts 117
1788, pillage et destruction de la manufacture de Réveillon, à Paris,
morts 87
1789, affaires de Rennes et de Corse 12

DÉVELOPPEMENT

Tués à Paris 204
— à Rennes. 10
— à Bastia 2

II

ÉTATS GÉNÉRAUX

CONSTITUÉS EN ASSEMBLÉE CONSTITUANTE

1,213 Membres

Du 1er Mai 1789 au 1er Octobre 1791

2 ANS 5 MOIS

RÉSULTATS GÉNÉRAUX

Français tués . . . . 3 mille 489.
Dépenses, dilapidations. . . . 1 milliard 992 millions 257 mille 588 fr.
Ruines, châteaux incendiés, etc. Cent vingt-huit.
Conspirations. 75
Lois rendues 2,557

REMARQUE. — On doit prêter de l'attention au nombre de lois rendues ; car on ne doit point oublier que plus un principe politique offre d'ordre et de moralité, moins il faut de lois et mieux elles sont observées.

DÉVELOPPEMENT

Total des Français tués à l'intérieur 3,489

DONT :

Femmes 12
Enfants 22

Nombre des victimes dans chaque ville

1789

Lyon 8
Saint-Germain-en-Laye. . . 1
Strasbourg 9
Au Mans 2
Saint-Denis 1
Caen 3
Mâconnais 1100
Troyes. 1
Orléans 99
Senlis 64

1790

Dans les incendies des châteaux, en Bourgogne. . . 123
Domfront. 1
Lyon 4
Soissons 1
Vannes 12
Nimes. 17
Souvent, près Dôle 14
Bedfort 8
Vitteaux 1

Toulouse 9
Marseille. 1
Pamiers 2
Perpignan 45
Metz 5
Uzès 37
Arles 1
Château-Clarac. 1
Chambéry 64
Toulon. 1
Montauban 6
Valence 1
Bayonne 1
Territoire de Nîmes. . . . 5
Angers. 51
Saint-Etienne 1
Nancy. 1500
Rome 1
Varaise 6
Aix. 4
Douay. 1
Tulle 2
Castelnau. 5
Paris 270

DÉPENSES

Du 1er mai 1789 au 1er octobre 1791

2 ANS 5 MOIS

Pour le salaire des députés, à 18 fr. par jour, pour chacun, 15,876 fr., soit. . . . . 19,257,588 fr.

Dilapidations des fonds provenant de ventes de biens nationaux, d'émigrés et du clergé. 400,000,000

Émissions d'assignats. 900,000,000

Pertes en immeubles 673,000,000

Total. . . . . . 1,992,257,588 fr.

III

ASSEMBLÉE LÉGISLATIVE

745 Membres

Du 1er octobre 1791 au 21 septembre 1792

11 MOIS 21 JOURS

RÉSULTATS GÉNÉRAUX

Français tués 41,510
Dépenses, dilapidations. . . . . . 2 milliards 265 millions 706,910 fr.
Ruines, châteaux, fermes, métairies
incendiés 62

Conspirations. 44
Insurrections 28
Lois rendues 1227

DÉVELOPPEMENT

Total des morts par la guerre civile. 8,044

SAVOIR :

1791		1792	
Avignon	621	Reims.	14
Caen	4	Meaux.	10
Pamiers	1	Versailles.	78
1792		Lyon	15
Étampes	1	Caen	1
Aurillac	1	Gisors	1
Lille	303	Orléans	5
Jalès	110	Paris	6879

Français tués sur le champ de bataille. . . . 33,466
Étrangers tués sur le champ de bataille . . . 39,793

DÉPENSES

Du 1er octobre 1791 au 21 septembre 1792

11 MOIS 21 JOURS

Pour le salaire des députés, à 18 fr. par jour, 6,318 fr.,
soit. . . . . 4,706,910 fr.
Dilapidations des fonds provenant de ventes de biens
nationaux, d'émigrés et du clergé. 325,000,000
Emissions d'assignats 1,650.000,000
Pertes en immeubles 286,000,000

Total. . . . . . 2,265,706,910 fr.

Le Corps législatif se sépara en laissant :
La guerre avec toute l'Europe, et celle de la Vendée;
Les colonies en feu;

La France sans finances, après avoir englouti des millions, produits de la vente des biens nationaux, et fait fabriquer plus d'un milliard d'assignats;

Un tribunal révolutionnaire à la tête de l'État;

Les visites domiciliaires, les massacres sanctionnés par les autorités supérieures, des lois tyranniques contre la liberté de la presse.

IV

PENDANT LA TERREUR

DE LA CONVENTION NATIONALE
749 Membres

Du 21 septembre 1792 au 28 octobre 1795
3 ANS 1 MOIS 4 JOURS

RÉSULTATS GÉNÉRAUX

Français tués.	2 millions 32 mille 674
Dépenses, dilapidations.	21 milliards 295 millions 166,935 fr.
Ruines, villes, villages, hameaux, etc.	28,286
Conspirations.	938
Insurrections.	850
Lois rendues, dont 89 pour la peine de mort.	11,210

DÉVELOPPEMENT

Total des guillotinés. 18,613

DONT :

Ci-devant nobles.	1,278
Femmes, *id.*	750
Religieuses.	360
Prêtres.	1,135
Femmes d'artisans.	1,467

INDIVIDUS PÉRIS DANS LA GUERRE INTESTINE
— 1793 —

LYON

Total des morts. 31,999

DONT :

Égorgés, 9 thermidor.	145
Morts en prison.	32
Suicidés.	45
Péris par les démolitions.	45

Femmes enceintes et en couches. 348
Morts de frayeur et par la famine, pendant le siége
    de cette ville par les républicains. 184
Maisons démolies par *décret* de la Convention. 1,674

MARSEILLE

Total des morts. 1,479

SAVOIR :

Morts en combats entre Français. 650
Morts en prison. 79
Individus égorgés. 750

TOULON

Total des morts 14,525

SAVOIR :

Pendant le siége de cette ville. 9,000
Egorgés ou noyés à la fuite des Anglais. 3,100
Morts en prison. 160
Femmes et enfants noyés à la mer. 2,265

BÉDOIN

Destruction et dispersion des habitants de cette ville, dont le
    nombre des maisons était de. 1,600
Total des morts. 68

SAVOIR :

Individus morts de misère. 53
Egorgés. 15
Pertes en immeubles des villes de Marseille, Lyon, Toulon
    et Bédoin. 957,800,000

GUERRE DE VENDÉE

En rapprochant les massacres, égorgements, fusillades, noyades, morts
dans les différents combats entre Français, la perte totale est de 932,000

DONT :

Femmes. 15,000
Enfants. 22,000
Cette guerre a fait disparaître, soit villages, hameaux, métairies ou
fermes 22,000

NANTES

Victimes sous le Proconsulat de Carrier

Total des victimes. 32,000

DONT :

Enfants fusillés. 500
Enfants noyés. 1,500
Femmes fusillées. 264
Femmes noyées. 500

Prêtres fusillés.	300
Prêtres noyés.	460
Nobles noyés. . . . . . , . . , ...	1,400
Artisans noyés. . . , ... , . .	5,000
Individus morts en prison par la peste.	8,000

PAR SUITE DE LA TERREUR

Suicidés, pendus, noyés ou jetés par les fenêtres.	4,790
Femmes mortes par suite de couches prématurées.	3,400
Morts par la famine.	20,000
Individus devenus fous par la Révolution.	1,500

ARMÉES

Morts sur le champ de bataille ou dans les hôpitaux, pour la défense de la République, de 1792 à 1795, en trois ans.	850,000
Tués à l'ennemi sur le champ de bataille, non compris le grand nombre de blessés morts dans les hôpitaux.	636,880

RUINES

Hôtels et maisons démolis et incendiés	3,274
Fermes et chaumières incendiées	3,012
Dans la Vendée, villages, hameaux, métairies ou fermes	22,000
Colonies, villes. . . . . , ...	2
Habitations	3,200

Donc, la Révolution a fait disparaître, en France et dans nos colonies, soit villes, villages, hameaux, etc 28,286

COLONIES
Saint-Domingue

Hommes, femmes et enfants blancs égorgés.	124,000
Hommes, femmes et enfants noirs et de couleur tués.	60,000
Villes incendiées. 2	
Habitations incendiées. . , , . 3,200	

Avant les désastres survenus à Saint-Domingue par le fait de la Révolution, on calculait :

La valeur des denrées coloniales importées en France, à tournois.	200,000,000 fr.
Celles de ces denrées qui se consommaient dans l'intérieur de l'État.	80,000,000
Celles qui se vendaient à l'étranger.	120,000,000
Les marchandises que l'étranger fournissait.	60,000,000
En sorte que la balance ordinaire du commerce était, en faveur de la France, de	60,000,000
Ce qui fait de 1790, époque de la cessation des affaires, à 1795, une perte de.	300,000,000

Pertes dans les autres colonies 530,000,000
La perte en immeubles, dans toutes les colonies. . . 315,000,000

DÉPENSES
Du 21 septembre 1792 au 28 octobre 1795
3 ANS 1 MOIS 4 JOURS

Pour le salaire des députés, à 36 fr. par jour chacun,
40,752 fr., total. . . . . 30,528,248 fr.
132 proconsuls dans les départements. 28,088,900
Dilapidations des fonds provenant de ventes de biens
nationaux, d'émigrés et du clergé. 7,000,000,000
Pour la guerre. 4,003,259,711
Pour la démolition de la ville de Lyon. 5,000,000
Pertes provenant des erreurs faites dans les caisses
du Trésor 2,862,971
Pertes en immeubles, en France. 1,293,300,000
Pertes en immeubles, dans les colonies. 315,000,000
Perte du revenu des colonies. 830,000,000
Pour la fabrication des assignats. 15,670,917
Perte de l'État sur les assignats 93,313,541
Assignats restés dans la circulation et représentant
pour les possesseurs une perte de 29,706,541
Assignats restés dans les caisses de la Trésorerie
nationale et représentant pour l'État une perte de. . 628,436,106
Émissions d'assignats 5,000,000,000
Emprunts forcés sur les riches 2,000,000,000

Total . . . . 21,295,166,935 fr.

REMARQUE IMPORTANTE SUR LE NOMBRE DES ASSIGNATS FABRIQUÉS. — Lorsqu'on brisa, à la place Vendôme, le 20 février 1796, les poinçons et les matrices qui avaient servi à la fabrication des assignats, leur fabrication s'était élevée successivement à 45 milliards 581 millions 614 livres, — et non pas seulement à 5 milliards 870 mille 445 livres, comme le prétendaient les proconsuls à la Trésorerie nationale.

NOMBRE DES ÉMIGRÉS

Individus. 123,789

SAVOIR :

Femmes nobles.	9,130	Médecins	328
Nobles.	15,949	Chirurgiens	540
Militaires nobles.	8,392	Propriétaires.	9,224
Marins nobles.	1,589	Banquiers.	228
Prêtres.	28,729	Négociants.	7,847
Enfants des deux sexes.	2,987	*Cultivateurs.*	3,268
Parlementaires.	413	*Artisans.*	22,729
Hommes de loi.	2,867	*Femmes d'artisans.*	3,000
Notaires.	324	Domestiques.	2,724

A *la démocratie* 53,492
Au clergé. 33,050
A la noblesse. 35,060

PRISONS

La Bastille est démolie ; mais voici le nombre des prisons élevées à sa place :

Sous la Convention, par les ordres des comités, l'on établit 34 maisons d'arrêt ; chaque comité avait, en outre, son cachot ; la Commune avait sa chambre d'arrêt. Le Comité de Salut public et celui de Sûreté générale eurent chacun leur geôle, et l'on comptait jusqu'à 18,000 détenus dans les différentes maisons d'arrêt de Paris, tandis qu'au moment de la prise de la Bastille, il ne s'y trouvait que 7 prisonniers, dont voici les noms :

MM. Pujade, Béchade, La Roche, La Caurège, de Solages, Tavernier et Whyte.

Ainsi, au sujet des prisons, le calcul est aisé à faire.

44,000 Comités révolutionnaires ;
44,000 Chambres d'arrêt ;
4,000 Municipalités pouvant décerner des mandats d'arrêt ;
556 Districts jouissant des mêmes prérogatives ;
84 administrations départementales pouvant décerner aussi des mandats d'arrêt.

Ce qui faisait, y compris Paris : 48,724 prisons dans 26,896 lieues carrées que comportait la France.

Le régime des prisons a fait périr :

Individus. 30,000

DONT :

Femmes enceintes. 5,000

Les femmes de mauvaise vie rendues à la liberté furent au nombre de 415,

A SAVOIR :

75 à la Conciergerie ;
80 à la Force ;
235 à la Salpêtrière ;
25 au Grand-Châtelet.

8,000 femmes furent enrôlées pour les massacres dans les prisons. Le serrurier de la Monnaie, ami de Marat, leur fournissait des poignards à mesure qu'ils se fabriquaient ; il y en eut 2,000 de distribués.

V

DIRECTOIRE EXÉCUTIF

5 Directeurs

Du 28 octobre 1795 au 10 novembre 1799

4 ANS 1 MOIS

RÉSULTATS GÉNÉRAUX

Total des morts . . . . 1 million 266 mille 626

DONT :

Français tués	747,856
Fusillés	47
Décapités	7
Tués à l'ennemi.	515,809

Dépenses, dilapidations . . 57 milliards 727 millions 514 mille 499 fr.

Conspirations	38
Insurrections.	22
Lois rendues.	1921

Directeurs déportés	2
Individus —	181
Enfants abandonnés	51,042
Orphelins morts aux Enfants-Trouvés pendant l'an IV, faute de soins.	2,907

DÉVELOPPEMENT

DÉPENSES

Cinq directeurs à 150,000 fr. par an chacun pour les quatre ans un mois.	3,062,500
Puis ils ont demandé à être meublés, chauffés, éclairés, fournis en linge, chevaux et voitures ; le tout.	3,000,000
Un secrétaire général, à 25,000 fr.	102,083
Cinq secrétaires, à 10,000 fr. chacun	204,166

Conseil des Anciens

250 membres, à 33 fr. par jour chacun, 49,183 fr., soit pour quatre ans un mois.	12,295,750

Conseil des Cinq Cents

500 membres, à 28 fr. par jour pour chacun, 41,720 fr., soit pour quatre ans un mois	20,860,000
Dilapidations des fonds provenant des ventes des biens nationaux, etc.	70,000,000
Dépenses pour la fabrication des mandats, poinçons, papiers, etc.	7,000,000

À reporter 116,514,499

Report. 116.514.499

Émissions de mandats   2,400,000,000

Les terres, en 1789, représentaient pour les propriétaires une valeur vénale ou un capital de 30 *milliards* ; cette valeur tomba, sous le Directoire, à 5 *milliards*, soit, perté .   25,000,000,000

L'ancienne valeur des propriétés non rurales de la France était de 20 *milliards* ; cette valeur se trouva réduite à 3 *milliards*, perte   17,000,000,000

Les maisons des villes représentaient une valeur de 3 *milliards* ; cette valeur se réduisit à 500 *millions*, perte. .   2,500,000,000

On possédait aux colonies 3 *milliards* ; en l'an VI de la République, on ne possédait plus que 250 *millions*, perte.   2,700,000,000

Le capital mobilier représentait 7 *milliards* ; ce capital se trouva réduit à 2 *milliards*, perte.   5,000,000,000

Les métaux précieux représentaient une valeur de 3 *milliards* ; cette valeur tomba à 1,500 *millions*, perte. . .   1,500,000,000

Le revenu des métayers, vignerons, fermiers, était de 300 *millions* ; ce revenu tomba à 100 *millions*, perte. . . .   200,000,000

La rente des propriétaires des maisons était de 200 *millions* ; cette rente tomba à 100 *millions*, perte.   100,000,000

Le revenu des propriétaires des colonies, après les frais d'exploitation payés, était de 100 *millions; ce revenu fut totalement perdu,* perte.   100,000,000

Les bénéfices des classes vouées aux professions, arts et métiers, étaient de 200 *millions* ; ces bénéfices se réduisirent à 50 *millions*, perte   150,000,000

Les profits annuels de tous les genres d'occupations qui tiennent au commerce et qui entrent dans la qualification d'*appointements*, sans cependant appartenir à celle de *salaires*, étaient, sous le règne de Louis XVI, de 1,041 *millions* ; ces profits se réduisirent à 130 *millions*, perte   911,000,000

Le traitement des employés civils et les gains ou salaires des médecins et des hommes de loi étaient de 100 *millions* ; ce traitement et ces gains se réduisirent à 50 *millions*. . .   50,000,000

Enfin, la fortune d'un Français, en supposant qu'on l'eût répartie proportionnellement entre les branches de capitaux mentionnés ci-dessus, estimée avant la Révolution à 500 *mille écus*, se trouva réduite, en l'an VI de la République, à 100 *mille écus*.

Total. 57,727,514,499

LA SITUATION

APRÈS SIX ANS DE RÉVOLUTION

La France était tellement épuisée, que la rentrée des impôts se faisait difficilement. Ecoutez les administrateurs de l'époque.

Villers. — Représentants, la solde s'élève à *trois millions par décade.* Il est impossible de rien diminuer encore de votre dépense... Cependant, les recettes n'arrivent qu'avec une *désespérante lenteur.* Savez-vous ce qui a été **reçu** depuis le 1ᵉʳ vendémiaire ? **Pas deux cents millions!**

Ainsi, pendant huit mois, le Trésor national n'avait pas reçu 200 millions pour subvenir à ses immenses dépenses.

Depeyre. — Les Recettes de chaque décade ne s'élèvent que de 3 à 4 millions.

Poulain-Grandpré, le 25 octobre. — L'arriéré s'élève à plus de *trois cents millions.* La contribution foncière y est pour plus de *deux cents millions.*

Lucien Bonaparte, sous le prétexte de déjouer les fournisseurs qui, à l'en croire, « épiaient les opérations financières, et étaient même doués du » sinistre don de Cassandre, » proposa, comme premier moyen, pour mettre fin à leurs découvertes, « *de ne plus s'occuper de finances qu'en comité secret.* » On se rendit à son invitation, et ce fut dans le sein des *comités secrets* qu'on constata que le déficit était de 616 millions, c'est-à-dire 560 millions de plus que le déficit de Louis XVI, — après avoir englouti des milliards.

C'est Demore lui-même qui constata le premier ce déficit, dans une observation qu'il présenta dans l'avant-dernière décade de l'an VI, et huit jours après que la Trésorerie eut présenté son tableau : « J'observe, dit-il, » que, quoi qu'on ait dit de la part de la commission des finances, sur ce qui » s'est passé en l'an VI, il ne paraît pas cependant que le déficit soit réelle- » ment de *quatre cents millions sur six cent seize, puisqu'elle n'a produit pour le* » *combler aucun des projets rejetés par l'un ou par l'autre des conseils.* »

La détresse était telle, que certaines dépenses, auxquelles on s'était engagé à procéder sans délai, ne se faisaient plus. Dans ce nombre, il faut ranger en première ligne celles des juges, dont la plupart ne recevaient aucun salaire depuis dix-huit mois ; celles de l'instruction publique et des *écoles primaires, qui n'avaient pas encore été organisées,* mais surtout les secours assignés tant aux hospices civils qu'aux 800 prisons, où les prisonniers, au nombre de 22 mille, respiraient un air infect, et où les deux tiers étaient confondus pêle-mêle.

Au sujet des hospices, Jouenne s'étant plaint du dénûment de ceux de Paris, Génissieu lui répliqua : « Les administrateurs des hospices des dé- » partements ne cessent de jeter les hauts cris et d'appeler l'attention du » gouvernement sur leur situation. A Grenoble, ajouta-t-il, l'arriéré est de » 40 mille francs pour les enfants abandonnés, et de 60 mille pour les ma- » lades. Je ne doute pas que dans tous les départements il n'existe un mal » semblable. » Ici, le *Moniteur* nous apprend qu'une foule de voix crièrent : *Oui, oui, cela est vrai.* Quatre mois après, Garat monte à la tribune et certifie que, « pendant l'an VI, il est mort un grand nombre de malades, d'in- » digents, auxquels on n'a pu donner *ni bouillon, ni pain.* »

Peu de jours auparavant, Laporte avait annoncé « que, faute de paie- » ment, les nourrices rapportaient les enfants, et qu'ils mouraient. »

Chotard. — « Depuis plusieurs années, tous les ports militaires et de » commerce se comblent, les quais s'écroulent, les phares et les balises » disparaissent successivement, tous les ouvrages destinés à protéger la » navigation s'anéantissent, les bâtiments civils tombent en ruine, et l'on

» n'a pas même, en l'an VI, appliqué des fonds aux réparations les plus
» urgentes. » (Voyez le *Moniteur* du 25 août 1798, n° 338.)

Fabre, le 14 août, entendant repousser comme *immorales* les taxes indirectes qu'on proposait pour mettre chaque ville en état d'entretenir ses
propres établissements, réplique : « On parle de l'immoralité de ces taxes ;
» mais le désordre des finances des grandes communes, surtout celles de
» Paris, est bien plus immoral, et a des suites bien plus affligeantes. Des
» pauvres dans le dénûment le plus absolu, des malades qui ne sont pas
» soulagés, et *qui expirent sans secours sur un lit infect,* des administrateurs,
» des juges, des commis qui ne sont pas payés, des instituteurs en proie
» aux besoins les plus urgents, une police mal faite *faute de moyens,* la salu-
» brité altérée, des bâtiments qui s'écroulent faute de réparations les plus
» urgentes, des monuments qui se dégradent, *parce qu'on ne peut les entre-*
» *tenir.* Voilà ce que nous opposons, *sans crainte* qu'on nous accuse d'exagé-
» ration. »

A bout de ressources, ne sachant où puiser pour les besoins d'une désas-
treuse administration, **Grocassand** prend la parole le 2 octobre et dit :
» Décrétez un impôt sur les animaux domestiques et de luxe, tels que les
» chiens de chasse, de salon, de compagnie. Triplez le *maximum* du fruit
» possible d'une industrie honnête, et frappez l'excédant, signe certain de
» dilapidation. Mettez un emprunt forcé sur les *fortunes colossales faites pen-*
» *dant la révolution,* et dont les détenteurs, autrefois *laquais,* prennent au-
» jourd'hui le nom de *monsieur,* presque celui de *marquis,* et *prennent le*
» *ton,* comme *ils ont pris les biens de leurs anciens maîtres.* Décrétez que
» les célibataires paieront *trois fois* le montant de leur contribution fon-
» cière, personnelle, mobilière et somptuaire. »

L'impôt sur le luxe. Après avoir posé en fait que la *taxe somptuaire* dont
on avait espéré 20 millions, et qu'on voulait porter à 30, ne produirait pas
au delà de 400 mille francs dans la capitale, ni plus de 2 millions dans tous
les départements, le rapporteur, **Lecoulteux,** ajouta : « Le luxe apparent
» ou réel est aujourd'hui tellement restreint, en partie par économie de
» nécessité, et en partie par celle que dicte le bon sens et la sagesse, qu'en
» exceptant Paris, on peut douter qu'il y ait 200 voitures dans toute la
» République. Dijon comptait autrefois 80 voitures ; il est aujourd'hui
» réduit à *une couple* de cabriolets. Rouen avait autrefois 300 voitures ; au-
» jourd'hui, il n'y en a plus qu'*une seule.* » (Voyez le *Moniteur* du 12 février
1798.)

Le 31 décembre 1798, Laujacq vient annoncer que le plus grand nombre
des juges demandent leur retraite, qu'aux nouvelles élections personne
ne se présentera pour les remplacer, et que la France était à la veille de
rester sans tribunaux. « Nous ne pouvons voir avec une plus longue indif-
» férence, ajoutait-il, la situation des juges de la République. Nous tou-
» chons à une époque funeste, à l'abandon absolu des tribunaux... Si, dans
» deux mois, le traitement assuré aux juges n'est pas acquitté, le pouvoir
» judiciaire peut être anéanti... »

Extrait d'une lettre que les administrateurs des hôpitaux adressèrent à
la Commission des finances. « L'ordre serait bientôt rétabli partout, si *l'on*
pouvait nous assigner des fonds pour renvoyer cet essaim nombreux d'a-

» gents qui avilissent et dévorent les hospices, et qui, n'ayant pas *reçu de*
» *gages depuis plus de quinze mois*, se croient tous autorisés à se payer
» par leurs mains, sans qu'on soit dispensé de recommencer à les solder un
» jour. Ce renvoi opéré, l'ordre, l'économie, la décence, renaîtront dans les
» hospices. Sans lui, ils continueront à offrir le tableau du brigandage, du
» désordre et du crime. »

Bonnaire, le 17 janvier 1799. — « Il n'y a pas un moment à perdre ; les
» habitants des campagnes sont plongés dans l'abrutissement. Il faut les en
» tirer et les élever à leurs propres yeux. Nous manquons d'instituteurs !
» Il faut en créer, et leur donner une existence honorable. — Les finances
» ne peuvent plus s'ajourner, » avait dit, quelques jours auparavant, le
même orateur, en annonçant cette motion.

Heurtant observait déjà, le 26 juin 1798, que « quoique nombreuses,
» les lois qui la concernent n'en sont pas moins incomplètes ; elles ne
» sont que des jalons plantés à de grandes distances, et qui conduisent
» au désert. » Et que « *si les grandes routes sont dégradées, incommunicables,*
» *et si la stagnation du commerce en est la suite malheureuse, c'est que, depuis*
» *plusieurs années, rien n'a été fait en ce genre, rien n'a été payé.* » Et dans le
message du 6 décembre 1797, on lit qu'« *il y a à peine dans toute la Répu-*
» *blique trois mille gendarmes de montés, et qu'il faut chercher en grande partie*
» *la source du mal dans les lacunes qu'on remarque encore dans le système des*
» *finances.* »

Pour finir ce triste tableau de la situation des finances de la République
française en 1799, lire ce que M. de Malès, rapporteur d'une commission
des finances, lisait, le 28 janvier 1799, devant les représentants de la Révolution. « Voyez, dit ce rapport, l'état misérable de nos relations commer-
» ciales au dehors ! Au dedans, qu'y trouvez-vous en ce temps de défiance
» universelle et de discrédit ? Des fabriques dans l'inaction ou ruinées, des
» ateliers déserts, des hommes industrieux qui autrefois habillaient les
» armées, devenus agioteurs ; d'autres dont le génie rendait les nations
» tributaires de la France, mendient aujourd'hui, pour le soutien de leur
» précaire existence, des places aux barrières ou dans de tristes bureaux.
» L'agriculture ! elle regorge de denrées ; mais, faute de consommateurs
» qui puissent les payer, elles périssent dans ses mains. Le commerce inté-
» rieur est encore plus malheureux : il ne trouve partout sous ses pas que
» l'usure désordonnée et des faillites inattendues. »

« Ne croyez pas, ajoute ce message, que la situation se soit améliorée...
» Les recettes ont rarement excédé la proportion commune de *dix millions*
» par décade ; elles se sont arrêtées le plus souvent au-dessous, et telle est
» la situation de la Trésorerie nationale, le 31 janvier 1799... qu'il ne reste
» de disponible, pour faire une distribution décadaire aujourd'hui, que
» 4 millions 660 mille 880 francs 9 c., somme insuffisante pour assurer
» la solde de l'armée. La subsistance des armées n'est plus assurée ; les ap-
» provisionnements de la marine sont nuls ou incomplets ; un grand nom-
» bre de fonctionnaires publics sont dans le plus grand besoin, *et l'on ne*
» *peut venir à leur secours. Les paiements les plus urgents sont suspendus ;*
» le crédit public retombe au lieu de se relever ; celui des particu-
» liers s'en ressent ; les dépenses vont en augmentant, et le service déjà

» compromis est exposé à une catastrophe funeste et prochaine. Voilà des
» faits constants qu'aucune assertion contraire ne peut détruire. »

Et cette première République, qui accusait les rois d'aimer la guerre, ne
trouva d'autre remède à sa honteuse situation, que de faire la guerre aux
peuples voisins, et piller leurs trésors.

VI

NAPOLÉON

CONSUL ET EMPEREUR

CONSULAT

Du 13 décembre 1799 au 18 mai 1804

4 ANS 5 MOIS

EMPIRE

Du 18 mai 1804 au 31 mars 1814

10 ANS

RÉSULTATS GÉNÉRAUX

CONSULAT ET EMPIRE

Total des morts. . . . . 10 millions 450 mille 244

SAVOIR :

Français. . . . . 5 millions 465 mille 123
Tués à l'ennemi. . . . . . . 4 millions 985 mille 121
Dépenses générales. . . . . 19 milliards 961 millions 213 mille 759 fr.
Ruines, soit villes, villages, hameaux, métairies ou fermes. . . 32,632
Conspirations. 3
Lois rendues 5,062

Dont 55 Sénatus-consultes pour la conscription, qui a fourni 6 millions de
Français, dont 5 millions 5 cent mille ont été tués aux armées, pour des
conquêtes qui ne sont pas restées à la France. Sang inutilement versé
pour la seule gloire d'un usurpateur.

DÉVELOPPEMENT

Ruines par les guerres de Napoléon en Allemagne et en Russie :

Grandes villes. 2
Villages. 632
Hameaux, métairies ou fermes. . 32,000
Individus péris par les conspirations. 52
Fusillés. 16
Déportés 130

DÉPENSES

CONSULAT

Du 13 décembre 1799 au 18 mai 1804

4 ANS 5 MOIS

Salaires à Bonaparte, 1er consul, 500,000 fr. par an. . . . . . ⎫
Cambacérès, 2e consul, et Lebrun, 3e consul, 150,000 fr. cha- ⎬ 3,533,333 fr.
cun par an . . . . ⎭

A un secrétaire général, à 25,000 fr. . . . . ⎫
3 secrétaires, à 10,000 fr . . . . ⎬ 2,894,498 fr.
30 conseillers d'État à 20,000 fr., jusqu'en 1804 . . . . . . ⎭

SÉNAT CONSERVATEUR .
Du 13 décembre 1799 au 31 mars 1814
13 ANS 3 MOIS

Salaires . . . . 77,903,379 fr.

CORPS LÉGISLATIF
Du 13 décembre 1799 au 18 mai 1804
4 ANS 6 MOIS

300 députés à 27 fr. par jour . . . . . 16,200,000 fr.

TRIBUNAT
Du 13 décembre 1799 au 18 août 1807
6 ANS 6 MOIS

100 tribuns, 15,000 fr. chacun. . . . . . . 9,750,000 fr.

Le Consulat, en 4 ans 5 mois, a donné à ses premiers fonctionnaires la somme de . . . . 111 millions 281 mille 210 fr.

NAPOLÉON EMPEREUR
Du 18 mai 1804 au 31 mars 1814
10 ANS

Liste civile de Bonaparte, y compris les revenus des domaines évalués à 42,000,000 fr. pour 10 ans	420,000,000
A sa famille, composée de 8 personnes	120,000,000
A Joséphine, du 10 mars 1810 au 31 mars 1814, 4 ans à 3,000,000	12,000,000
Retour de l'île-d'Elbe et les enlèvements d'or et d'argent faits par ses frères détrônés ; le tout s'élève à. . . .	60,000,000
Un archichancelier, Cambacérès, à 500,000 fr. par an, pour 10 ans	5,000,000
Un architrésorier, Le Brun, à 500,000 f. par an, pour 10 ans.	3,000,000
Un secrétaire d'Etat, Maret, à 300,000 f. par an, pour 10 ans.	3,000,000
Un procureur général, Regnault de Saint-Jean-d'Angely, à 150,000 fr. par an, pour 14 ans	2,100,000
Un grand-chancelier de la Légion-d'Honneur, à 100,000 fr. par an, pour 10 ans.	1,000,000
Un grand-maître de l'Université, à 180,000 fr. par an, pour 10 ans.	1,000,000
30 conseillers d'Etat, à 25,000 fr. par an chacun, pour 10 ans, 250,000 fr	7,500,000
16 conseillers d'Etat ayant des directions, à 50,000 fr. par an chacun, pour 10 ans, 500,000 fr.	8,000,000
46 conseillers d'Etat, officiers de la Légion-d'honneur, à 10,000 fr. par an, pour 10 ans.	4,600,000
9 ministres des requêtes, à 6,000 fr. par an chacun, pour 10 ans.	540.000
200 auditeurs au conseil d'Etat, à 3,000 fr. chacun, pour 10 ans.	6,000 000
À reporter.	653.740.000

Report 653.740.000

CORPS LÉGISLATIF

Du 18 mai 1804 au 31 mars 1814.

9 ANS 9 MOIS

500 membres à 12,000 fr. par an, chacun, 117,000 fr. . . 58,000.000
Le Président du Corps législatif, à 100,000 fr. par an, pour
  9 ans 9 mois 975,000
8 ministres à 300,000 fr. par an chacun, pour 10 ans. . . 24,000,000
600 commandants de la Légion-d'Honneur, à 2,000 fr. chacun, pour 10 ans. 12,000,000
2,000 officiers de la Légion d'Honneur, à 1,000 fr. chacun,
  pour 10 ans 20,000,000
20,000 légionnaires à 250 fr. chacun, pour 10 ans. . . . 5,000,000
130 préfets à 6,000 fr. par an, pour 14 ans. 46.200,000
Pour la police secrète 2,800,000
Cadeaux de Napoléon à ses favoris. 50,000,000

Total. 872,715,000

Somme donnée aux premiers fonctionnaires
  de l'empire. 872,715,000
Sous le consulat. 111,281.210

Total. 983,996,210

Les établissements de haras, par les réquisitions, per-
  dirent en chevaux, de 1799 à 1814, 450,000 chevaux. Les
  remontes coûtant 500 fr. par cheval, perte. 225.000,000
La solde d'activité de la masse d'ordinaire, des supplé-
  ments d'étape et d'indemnités de tout genre s'élevaient à 2.602,000,000
Les soldes de retraite et traitements de réforme s'élevaient à 34,000,000
De 1799 à 1804, il a été détruit, en effets d'artillerie et d'ap-
  provisionnements de tout genre, un capital de 1,160,000,000
De 1799 à 1815, l'entretien des places de guerre de l'an-
  cienne France coûta. 430,000,000
Et celui des places de guerre situées dans les pays aux-
  quels la France a été obligée de renoncer, par suite de
  ses défaites 115,000,000
Réquisitions, sans compter celles faites en pays ennemi. 15,611.041
Le projet de descente en Angleterre, en 1804, coûta. . . 150,000.000

Dans l'espace de 15 ans, et en expéditions mal combi-
  nées, la France perdit : Vaisseaux, 43. — Frégates, 82.
  Corvettes, 76. — Transports, 62.

Perte en argent. 300,000,000

A reporter 5.904.326.041

Report 5.904.326.041

Le total des anticipations ou fonds détournés et dévorés à l'avance par le gouvernement de Napoléon 1er était de 805 *millions* 469 *mille francs*. Ajoutons à cette somme l'arriéré des divers ministères, qu'on évaluait à 500 *millions*, en y comprenant 150 *millions* ordonnancés par les ministères, dans les premiers mois de 1814, mais non acquittés par le Trésor; la somme des anticipations et de cet arriéré s'élevait à 1 *milliard* 305 *millions* 469 *mille* fr.

Indemnité de guerre aux alliés	800,000,000
Réclamations des particuliers	370,000,000
L'entretien de 150.000 soldats étrangers pendant 3 ans . .	450,000,000
Livré aux alliés 30 vaisseaux et 12 frégates, perte . . .	250,000,000
Total.	7,774,326,041

Les autres dépenses montèrent à 12 milliards 186 millions 887 mille 718 francs.

Déficit : 312,032,000 fr., c'est-à-dire 255,882,000 fr. de plus que le déficit de la royauté renversée.

VII

MONARCHIE CONSTITUTIONNELLE

CONTINUATION DE LA RÉVOLUTION

Du 1er août 1830 au 24 février 1848

17 ANS 6 MOIS

RÉSULTATS GÉNÉRAUX

Français tués . . . . 115 mille 216.
Dépenses générales. . . . . 19 milliards 786 millions 704 mille 786 fr.

Insurrections	4
Emeutes.	5
Conspirations	2
Attentats contre le roi.	3

DÉVELOPPEMENT

Comparaison de Budget

Les résultats généraux de la comparaison des Budgets de 1843 et de 1830 sont ceux qui suivent :

	Recettes.	Dépenses.
Budget de 1843.	1,281,173,360 fr.	1,353,261,377 fr.
Budget de 1830.	979,787,135	972,839,879
Différence en plus à 1843. . .	301,386,225 fr.	380,421,498

La différence en plus de 301 millions 386 mille 225 francs, aux Recettes de 1843, de la monarchie de la Révolution, provient d'augmentations d'impôts pour. . . . . 361,576,999 fr.

La différence en plus, de 380 millions 421 mille 498 francs, provient d'augmentations de dépenses pour la somme de . . . .   496,638,012 fr.

Les *Contributions directes et indirectes* figuraient au budget de la monarchie révolutionnaire pour une somme totale de. . . . . .   654,493,768 fr.

Ces deux mêmes branches de revenus n'étaient comprises dans le budget de la monarchie légitime que pour une somme de . . . .   540,747,684 fr.

Différence en plus pour le budget de la monarchie révolutionnaire . . . .   113,746,084 fr.

Le budget de la guerre et de la marine de la monarchie de 1843 s'élevait à . . . .   437,486,668 fr.

Et celui de la Restauration à.   252,147,250

La différence en plus à 1843, de 185 millions 339 mille 418 francs, provient de l'augmentation de l'effectif de l'armée et de la marine.

Les découverts tombés successivement à la charge du gouvernement de la Révolution de juillet, et qui existaient sur les budgets de 1847, étaient de 783 millions 704 mille 340 francs. Le déficit n'a donc pas cessé de s'accroître à chaque révolution.

Sous le gouvernement de Charles X, la France payait un budget de 900 millions et réalisait une économie de 300 mille francs par jour, ce qui faisait, au bout de 6 ans de royauté légitime, une économie de 657 millions.

La Restauration avait dégrevé de 90 millions l'impôt foncier; la révolution de 1848 l'a grevé ensuite de 45 centimes par franc de principal.

VIII

LOUIS NAPOLÉON

PRÉSIDENT ET EMPEREUR

Du 20 décembre 1848 au 4 septembre 1870

22 ANS

RÉSULTATS GÉNÉRAUX

Français tués 586,000
Dépenses générales . . . . . . 35 milliards 799 millions 206 mille 736 fr.
Provinces perdues. 2

LE BUDGET DE LA TROISIÈME RÉPUBLIQUE (1851)

COMPARÉ AVEC

Le Budget de la vieille Monarchie française (1789)

	Recettes.	Dépenses.
Budget de la 3e République, 1851. . .	1,371,379,758 fr.	1,434,634,047 fr.
Budget de la vieille monarchie, 1789. .	475,294,000	531,444,000
Différence en plus à la 3e République.	896,085,758 fr.	903,190,047 fr.

Maintenant, en comparant le déficit de la 3e République avec celui de la Monarchie renversée par la première République, en 1789, le résultat est le suivant :

Déficit de la 3e République 1849 . . . . 214.625,477 fr.
Déficit de la Monarchie 1789 56,150,000

Différence en plus à la 3e République. . . . . 158,475,477 fr.

Les *Contributions directes et indirectes* figuraient au budget de la 3e République (1851) pour une somme de . . . . 701,650,110 fr.
Ces deux branches de revenus n'étaient comprises dans le budget de la vieille Monarchie de 1789 que pour la somme de 140,221,000

Différence en plus pour la 3e République . . . 561,429,110 fr.

Budget de la guerre et de la marine de la 3e République. 436,315,745 fr.
Budget de la guerre et de la marine de la vieille Monarchie 139,160,000

Différence en plus à la 3e République. . . . . 297,155,745 fr.

Les déficits appartenant à la troisième République se décomposent de la manière suivante :

1848. . . . . 3,005,050 fr.
1849. 214,625,477
1850. 102,322,671
1851. 100,728,869

LA RESTAURATION ET LE SECOND EMPIRE

COMPARAISON DE BUDGET

Les résultats généraux de la comparaison des budgets de la Restauration et du deuxième Empire sont ceux qui suivent :

	Recettes.	Dépenses.
Budget du 2e Empire 1870.	1,775,724,059 fr.	1,774,289,559 fr.
Budget de la Restauration 1830. . . .	979,787,135	972,839.879
Différence en plus au 2e Empire. .	795,936,924 fr.	801,449,680 fr.

La différence en plus, de 795 millions 936 mille 924 francs aux recettes du deuxième Empire, provient de la grande augmentation des impôts.

Et la différence en plus, aux dépenses, de 801 millions 449 mille 680 francs, provient de ce que le régime de l'Empire, comme celui de la République, n'est point le régime de l'économie.

Le budget de la guerre et de la marine, sous Napoléon III, était de . . . . 550,462,202 fr.
Et celui de la Restauration ne s'élevait qu'à. . . . . 252,147,250 fr.

Les déficits appartenant au deuxième Empire se décomposent de la manière suivante :

1852 . . . . 25,759,014 fr.
1853 23,148,547
1854 . . . . 186,033,322.

A cette dernière année, l'accroissement des dépenses fut de 440 *millions*. Le découvert du budget, en 1866, était de 727 *millions*. Du reste, le budget des deux Empires n'a jamais été équilibré, et si parfois il y a eu équilibre, c'est grâce aux divers emprunts. En effet, les recouvrements effectués sur les emprunts s'élevaient déjà, au 26 octobre 1856, à la somme de 1 *milliard* 534 *millions* 678 *mille* 747 *francs*.

En pleine prospérité du deuxième Empire, en 1866, le découvert, comme nous l'avons dit plus haut, était de 727 *millions*. En faisant la comparaison avec le découvert de la Royauté tombée en 1789, on a la différence suivante :

Découvert, deuxième Empire, 1856. . . . . 727,000,000 fr.
Découvert, Royauté, 1789 56,150,000

Différence en plus au 2ᵉ Empire. . . . . . . 670,850,000 fr.

	Impôts directs	Impôts indirects
Impôts du second empire, 1870. . .	332.821.800 fr.	1.208.662.740 fr.
Impôts de la royauté, 1830. . . .	327.562.684	213.185.000
Différence en plus à l'empire . . .	5.259.116 fr.	995.477.740 fr.

La population de la France étant de 38.752.064 âmes, sous le deuxième empire, chaque Français payait un impôt de 39 fr. 76 c.

RÉCAPITULATION

ASSEMBLÉE CONSTITUANTE
EN 2 ANS 5 MOIS

Pertes et dépenses . . . 1 milliard 992 millions 257 mille 588 fr.
Français tués . . . . . 3 mille 489.
Ruines, châteaux incendiés *Cent vingt-huit.*

ASSEMBLÉE LÉGISLATIVE
EN 11 MOIS 21 JOURS

Pertes et dépenses. . . 2 milliards 265 millions 706 mille 910 fr.
Français tués. . . . . 41 mille 510.
Ruines, châteaux, fermes
incendiés . . . . . . *Soixante-deux.*

·CONVENTION NATIONALE
EN 3 ANS 1 MOIS 4 JOURS

Pertes et dépenses. . . 21 milliards 295 millions 166 mille 935 fr.
Français tués . . . . 2 millions 32 mille 674.
Ruines, villes, villages,
etc. . . . . *Vingt-huit mille deux cent quatre-vingt-six.*

DIRECTOIRE EXÉCUTIF
EN 4 ANS 1 MOIS

Pertes et dépenses. . . 57 milliards 727 millions 514 mille 499 fr.
Français tués . . . . 750 mille 763.

Désorganisation de toutes les administrations

Déficit. . . . . 616 *millions*.

NAPOLÉON
Consul et Empereur
EN 15 ANS

Pertes et dépenses. . . 19 milliards 961 millions 213 mille 759 fr.
Français tués. . . . . 5 millions 465 mille 123.
Tués à l'ennemi. . . . 4 millions 985 mille 121.
Ruines, villes, villages,
etc. . . . . *Trente-deux mille six cent trente-deux.*

Déficit . . . . 312 *millions*.

ROYAUTÉ CONSTITUTIONNELLE
EN 17 ANS

Pertes et dépenses. . . 19 milliards 786 millions 704 mille 786 fr.
Français tués. . . . . 115 mille 216.
Montant des découverts. 783 *millions* 704 *mille* 340 fr.

LOUIS-NAPOLÉON
Président et Empereur
EN 22 ANS

Pertes et dépenses. . . 35 milliards 799 millions 206 mille 736 fr.
Français tués. . . . . 586 mille.
Provinces perdues. . . 2.
Montant des découverts. 234 millions 940 mille 883 fr.

LA RÉVOLUTION
EN 66 ANS
A COUTÉ A LA FRANCE

158 milliards 825 millions 771 mille 213 francs

ET

8 millions 994 mille 991 hommes

Quant à la perte, en hommes, des Anglais, des Russes, des Autri-
chiens, des Prussiens, des États de l'Allemagne, de l'Espagne, de
l'Italie, elle s'élève à :

6 millions 417 mille 603 hommes

On ne manquera pas de taxer d'exagération les chiffres contenus
dans cette brochure. Malheureusement, ils sont réels. Ils ne se

trouvent pas, comme on le pense bien, dans ces histoires que l'on donne au peuple, afin de l'induire en erreur et lui faire honorer ce qui est méprisable, et mépriser ce qui est sacré. Mais on les trouve dans ces précieux documents, témoins accusateurs d'un horrible passé, que l'on conserve avec un soin jaloux, trop jaloux, dans nos bibliothèques. Les écrivains du parti-pris se gardent bien de les compulser, parce qu'ils savent fort bien que du jour où la nation entière serait instruite, bien renseignée, bien éclairée sur les prétendues erreurs du passé, ils ne pourraient plus trouver d'huile pour alimenter le feu de la discorde ; ils ne pourraient plus faire accepter aucun des arguments dont ils se servent pour battre en brèche la France de Philippe-Auguste, de saint Louis, d'Henri-le-Grand, etc. ; ils seraient dans l'impossibilité de rédiger ces longues suites de calomnies que le bon peuple, naïf et peu familiarisé avec l'histoire de son pays, prend pour de la bonne monnaie.

Si tous les citoyens connaissaient parfaitement ces grands hommes, ces génies, ces grandes figures de notre belle et vieille histoire de France, les nains qui briguent l'honneur de gouverner notre pays n'oseraient plus se montrer.

Et alors, adieu à la popularité, et, par conséquent, adieu à la députation, adieu aux traitements attachés à un emploi agréable, pas fatigant et pas trop difficile à remplir.

———※———

CONCLUSION

« D'après tout ce que nous avons éprouvé pendant la Révolution, les partis doivent être bien convaincus de la nécessité de maintenir un gouvernement établi. Et malheur à celui qui veut encore révolutionner ! L'on ne pourrait éviter, malgré toutes les précautions, les mêmes horreurs que nous avons éprouvées. Les échafauds se dressent, les proscriptions se combinent dans le secret. *Il est des hommes pour qui la vengeance est un besoin, et le crime un aliment.*

« *Le peuple ne doit plus avoir confiance dans une faction qui lui parle du bonheur commun... Presque toujours les intérêts particuliers dirigent ceux qui parlent le plus haut du salut public.* » (PRUDHOMME.)

Et « si ceux qui succèdent aux révolutions, si ceux qui les voient de loin, si ceux qui les préparent, savaient ce qu'il en coûte à l'humanité pour détruire un gouvernement même oppresseur, et pour en former un nouveau, le nombre des *novateurs* serait moins grand ; ou s'ils se croyaient obligés de préparer des réformes salutaires, ils se garantiraient bien d'une *précipitation irréfléchie, et ils attendraient du temps, de la persuasion et de la force naturelle des choses* la cessation des abus qui les frappent et les révoltent. » (F. HARMAND, député en 1797.)

Si les républicains Prudhomme et Harmand avaient prononcé les paroles ci-dessus avant les événements de 89, la France n'aurait pas eu les horreurs de la Révolution, ni Waterloo, ni Sedan, ces deux hontes de l'Empire !

Elle ne subirait pas aujourd'hui l'arrogante prépondérance d'une mortelle ennemie ; elle ne serait pas exclue du grand conseil de l'Europe ; on craindrait son épée, et on tiendrait compte de ses avis ; elle servirait encore d'arbitre dans les grandes questions qui règlent les destinées des peuples ; elle pourrait jeter avec fierté son glaive vengeur dans la balance, et s'écrier : « Malheur à l'oppresseur ! » elle serait encore le soldat de Dieu, David vainqueur de Goliath, tandis qu'aujourd'hui elle n'est plus que la blessée de Sedan ! la victime agonisante de la perfidie des meneurs, de la guerre étrangère, de la guerre civile, des incendies... la nation déchirée par ses propres enfants, qui devraient, au contraire, la ménager, ne former entre eux qu'une seule classe, les Français ; qui ne devraient avoir qu'une seule crainte, le mal ; un seul amour, le bien, et un seul désir, la prospérité de la mère-patrie.

Mais le sentiment de la concorde ne fut pas le guide des révolutionnaires, et les 8 millions 994 mille 991 Français tués n'ont été que l'inévitable conséquence du point de départ du mouvement révolutionnaire. La Révolution ayant débuté par un crime, par l'immolation de celui des rois qui était réputé pour le meilleur des princes, elle ne pouvait poursuivre sa marche folle et terrible que sur une route jonchée de cadavres, inondée de sang. Un premier crime entraîne toujours tous les autres crimes et toutes les calamités et tous les fléaux.

Ah ! au nom de la religion, au nom de la patrie, au nom de la famille, plus de haines entre Français, plus de ruines, plus de sang ! Proclamons le droit humain, et crions avec force :

LA RÉVOLUTION EST FINIE !...

PIÈCES JUSTIFICATIVES

Le **Moniteur universel** ; — **Histoire parlementaire de la Révolution française**, par Buchez et Roux ; — les **Histoires de la Révolution** de MM. Thiers, Mignet, de Barante ; — **Histoire des Révolutions**, par Prudhomme ; — la **France militaire**, par A. Hugo ; — **Aperçu des dépenses de l'an VIII** ; — **État général sommaire des Comptes arrêtés définitivement par les commissaires de la comptabilité nationale, pendant les mois de l'an V**, et adressé au Corps législatif ; — **Recueil de réimpressions particulières des budgets, classées par ordre chronologique** ; — **Soumission pour la fabrication des petits assignats**, par Maugard, Marguerie, Perreau ; — **Nombre d'assignats de chaque nature composant les 12,000 premiers millions** ; — **Comptes des dépenses ordonnancés pour le service des sept ministres** (an VII-1807) ; — **Recettes et dépenses faites à la caisse de l'extraordinaire** ; — **Tableau de ce qu'a coûté à la nation le papier des assignats fourni par Madame Lagarde** ; — **Mémoire adressé au Corps législatif par les commissaires de la Trésorerie nationale, an VII** ; — **Tableau historique et politique des pertes que la révolution et la guerre ont causées au peuple français**, par sir Francis d'Ivernois ; — **Tablettes révolutionnaires, depuis l'ouverture des États généraux, en 1789, jusqu'à nos jours, y compris l'année 1848**, par Debray aîné ; — **Compte général de l'administration des finances, de 1817 à 1858**, etc., etc.

Paris. — Imp. de Dubuisson et Cⁱᵉ, rue Coq-Héron, 5.

9 782019 686833